LETTRE DU P. JOSEPH VAZ

APOTRE DE CEYLAN

DE LA

CONGRÉGATION DE L'ORATOIRE DE SAINT PHILIPPE NÉRI

À SON NEVEU, JOSEPH VAZ, DE LA MÊME CONGRÉGATION.

Extrait de L'APOTRE DE CEYLAN

PAR SÉBASTIEN DE RÉGO

Traduit de l'Italien par J. BIGARD.

Traduction honorée d'une Lettre de Son Éminence le Cardinal Préfet de la Sacrée Congrégation de la Propagande, d'une Lettre de Son Éminence le Cardinal Agliardi et de l'Approbation de Monseigneur l'Évêque de Saint-Claude.

Prix... 0 fr. 50. — Par la Poste : 0 fr. 60.

Au profit de l'Œuvre de Saint-Pierre pour le Clergé Indigène des Missions. — Se trouve chez J. BIGARD, 18, Place Saint-Sauveur, Caen (Calvados)

CAEN

Vve A. DOMIN, IMPRIMEUR-ÉDITEUR

Rue et cour de la Monnaie.

1898

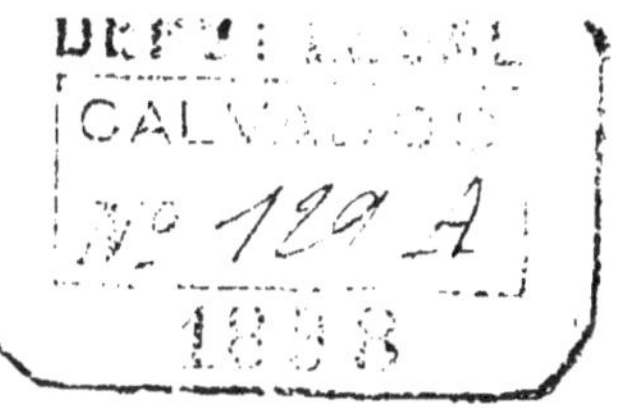

LETTRE DU P. JOSEPH VAZ

APOTRE DE CEYLAN

DE LA

CONGRÉGATION DE L'ORATOIRE DE SAINT PHILIPPE NÉRI

A SON NEVEU, JOSEPH VAZ, DE LA MÊME CONGRÉGATION.

Extrait de L'APOTRE DE CEYLAN

PAR SÉBASTIEN DE RÉGO

Traduit de l'Italien par J. BIGARD.

Traduction honorée d'une Lettre de Son Éminence le Cardinal Préfet de la Sacrée Congrégation de la Propagande, d'une Lettre de Son Éminence le Cardinal Agliardi et de l'Approbation de Monseigneur l'Évêque de Saint-Claude.

Prix... **0 fr. 50**. — Par la Poste : **0 fr. 60**.

Au profit de l'Œuvre de Saint-Pierre pour le Clergé Indigène des Missions. — Se trouve chez J. BIGARD, 18, Place Saint-Sauveur, Caen (Calvados).

TOUS DROITS RÉSERVÉS.

CAEN

Vve A. DOMIN, IMPRIMEUR-ÉDITEUR

Rue et cour de la Monnaie.

1898

DÉCLARATION

Je renouvelle ici la protestation que j'ai faite en publiant ma traduction en Français de l'Apôtre de Ceylan, par Sébastien de Régo ; je soumets humblement ma personne et mes écrits au jugement du Saint-Siége, et je déclare qu'en tout ce que je rapporte, dans la Notice qui suit, concernant la sainteté et l'héroïcité des vertus du P. Joseph Vaz et les faits merveilleux qui lui sont attribués, je n'ai voulu le faire qu'au sens autorisé par le Décret d'Urbain VIII.

Caen, le 1ᵉʳ Mai 1898,
Fête du Patronage de Saint Joseph,
Protecteur de la Mission de Ceylan.

J. BIGARD.

NOTICE SUR LE P. JOSEPH VAZ

Le P. Joseph Vaz, Apôtre de Ceylan, naquit le 21 Avril 1651, à Baulim, province de Salsette, près Goa, (Indes), de Christophe Vaz et de Marie de Miranda, Indiens très vertueux appartenant tous les deux à la caste des Brahmes, la plus noble de l'Inde. Joseph reçut le Saint Baptème huit jours après sa naissance et montra, dès ses plus jeunes années, d'admirables dispositions pour la piété et pour l'étude. Encore enfant, il fuyait les amusements de son âge et se levait la nuit pour s'adonner à l'oraison. A une parfaite innocence, il joignait déjà les pratiques de la mortification volontaire.

Ordonné prètre en 1676, après de brillantes études à l'Université de Goa, dirigée alors par les Pères de la Compagnie de Jésus, où sa vie toute de travail assidu et d'oraison continuelle était plutôt à admirer qu'à imiter, au témoignage de ses contemporains, il passa d'abord quelque temps à Sancoâle, près Goa, dans la maison paternelle, partageant ses journées entre le ministère de la prédication et de la confession et les labeurs de l'enseignement.

En 1681, le Chapitre de Goa l'envoya au Canara avec le titre de Vicaire Forain. Mais le Seigneur avait destiné un plus vaste champ d'action à cet homme vraiment apostolique. Le P. Vaz mûrissait en son cœur le plan d'une entreprise toute à la gloire de Dieu, et l'on peut même dire qu'il n'accepta la mission du Canara que pour découvrir les moyens de la réaliser. Ce projet, conçu dans son âme sous la seule influence de la divine grâce, était d'aller au secours de la chrétienté de Ceylan, entièrement privée de prêtres, depuis que les ports de l'île étaient tombés au pouvoir des Hollandais hérétiques. Longtemps, le P. Vaz pria le Seigneur, avec larmes, de lui permettre de secourir ces chrétiens abandonnés ; il voulait, dans son zèle, se faire vendre comme esclave aux hérétiques pour arriver jusqu'à eux. Mais ce ne fut qu'après son retour du Canara que Dieu exauça ses ardents désirs. A cette époque, il entra dans la Congrégation de l'Oratoire qui venait de s'établir à Goa ; ses nouveaux frères lui imposèrent aussitôt, malgré ses résistances, la charge de Supérieur, et il devint l'organisateur de la Communauté naissante. Enfin, après avoir donné des missions très fructueuses au peuple des environs de Goa, il partit pour Ceylan, en Mars 1686, avec la permission des Supérieurs ecclésiastiques, sans autre richesse que son bréviaire et ses ornements de Messe et sans autre protection que celle de Dieu.

Notre Missionnaire résolut de faire, à pied et en

mendiant sa nourriture, le long voyage qu'il entreprenait pour l'amour de Dieu et des âmes. Il atteignit ainsi, au prix de mille fatigues et à travers de grands dangers, le port de Tuticorin, sur la Côte de la Pêcherie ; il s'y embarqua pour Ceylan. Sur le bateau, il voulut encore recevoir ses aliments de la charité des passagers ; mais, il serait mort de faim sans une protection manifeste d'En-Haut, car, le navire, ayant été contrarié dans sa marche par une violente tempête, le trajet qui ne devait pas excéder six ou sept jours, en dura vingt. Chacun dût se rationner et ne put faire au P. Vaz l'aumône de la maigre portion qui devait soutenir son existence. De sorte qu'on le débarqua à Manaar à demi-mort de faim et d'épuisement. Ensuite, ce ne fut qu'après avoir subi de nouvelles épreuves qu'il atteignit Jaffna. Son unique compagnon était un enfant nommé Jean, qui l'avait suivi depuis son départ de Goa avec un dévouement admirable et qui partagea sans défaillance tous ses labeurs apostoliques.

Guéri miraculeusement d'une maladie mortelle occasionnée par les fatigues du voyage, le P. Vaz chercha immédiatement à découvrir les catholiques et à s'en faire reconnaître, sans les compromettre et s'exposer lui-même à la persécution. Dieu lui inspira de se faire mendiant : revêtu d'un pauvre vêtement d'esclave, un Rosaire au cou, il se mit courageusement à parcourir les rues et les places de Jaffna, en demandant l'aumône de porte en porte. Malgré les injures et les coups que ne lui épargnaient pas les hérétiques et les païens, il persévéra long-temps dans cet humiliant exercice. Enfin, quelques paroles échangées à la dérobée avec un habitant de Jaffna plus charitable que les autres, le firent reconnaître pour un prêtre catholique. Un bon chrétien le cacha dans sa maison où il put commencer son ministère, à la grande consolation des habitants de la ville et des environs qui étaient demeurés fidèles à la foi Romaine ; il opéra même de nombreuses conversions parmi les hérétiques et les païens.

Après trois années d'apostolat, la persécution éclata et le contraignit d'aller chercher un refuge dans les terres du Roi de Kandy. Il s'arrêta d'abord à Putlam, puis il se dirigea vers la capitale, où il y avait encore un grand nombre de catholiques, qui y avaient trouvé un asile lorsque les Hollandais s'étaient emparé des ports de Ceylan. A son arrivée à Kandy, notre Missionnaire, dénoncé comme espion et traité comme tel, eut à subir une captivité de plusieurs années avant d'obtenir du Roi, qui professait la religion de Bouddha, la permission de prêcher l'Évangile. Fait digne de remarque : ce fut dans la cour intérieure de la prison et sous la plus étroite surveillance que le P. Vaz éleva un petit oratoire, commença à dire la Sainte Messe, à recevoir les chrétiens et à les réconcilier avec Dieu, par la réception des Sacrements dont ils étaient privés depuis plus de quarante ans. Deux années s'écoulèrent ainsi, après lesquelles le Roi, convaincu que le P. Vaz n'était pas un espion, lui accorda la permission de quitter sa prison. Aussitôt, le Père fit bâtir une petite église qu'il consacra à la T. Ste Vierge sous le titre de N.-D. de la conversion des infidèles. Mais Dieu se réservait de procurer à son Apôtre une plus ample liberté par un éclatant prodige.

Il survint dans tout le royaume une sécheresse universelle ; la famine, avec tous les maux qui l'accompagnent, était inévitable. En vain, les prêtres de Bouddha faisaient-ils sacrifice sur sacrifice à leur dieu impuissant. Dans cette détresse, le Roi commanda à ses serviteurs catholiques d'aller trouver le P. Vaz et de lui dire de sa part que, puisqu'il proclamait que son Dieu était le vrai Dieu, il le conjurât d'avoir pitié de tant d'infortunés qui allaient périr. Le digne Père, aussi confiant dans sa foi qu'humble dans sa conduite, répondit qu'il prierait avec toute la ferveur dont il était capable, et que si Dieu le jugeait utile pour sa gloire, Il accorderait une pluie bienfaisante à ce pays désolé. Immédiatement, il fit élever un autel sur la plus grande place de la capitale ; il y arbora la Croix et se prosterna devant ce signe de notre salut, objet du mépris des hérétiques et des gentils. Une foule anxieuse et immense l'entourait.

A peine notre saint Prêtre était-il en prières que le ciel se couvrit de nuages et que l'eau commença à tomber abondamment, non seulement à Kandy mais dans tout le royaume. Le peuple cria au miracle. Bientôt, il dut constater un second prodige : l'endroit où le P. Vaz continuait à prier était resté sec, tandis que les personnes qui étaient tout auprès de lui étaient inondées. Le Roi, pénétré d'admiration et de reconnaissance permit à l'Apôtre de Jésus-Christ d'accomplir, dans son église et même en dehors, les exercices publics de notre sainte religion ; toutefois, il régla qu'un officier Singalais appelé *Dissava* veillerait à ce que notre Missionnaire ne s'éloignât pas trop de la capitale.

Le P. Joseph Vaz informa le Supérieur de l'Oratoire de Goa de cet heureux résultat et réclama l'envoi d'ouvriers apostoliques. Trois prêtres Indiens vinrent partager ses travaux ; c'étaient les PP. Joseph de Ménézès, Joseph Carvalho et Pierre Ferrao. Ils apportaient au P. Vaz sa nomination de Vicaire Général et de Supérieur de la mission. Celui-ci fit aussitôt usage de ses pouvoirs en désignant leur poste aux nouveaux missionnaires. Il conserva pour lui la ville de Kandy en s'adjoignant son neveu, le P. Carvalho. Un épouvantable fléau devait lui donner promptement l'occasion d'y déployer son zèle.

En 1697, une épidémie de variole éclata dans la capitale avec une grande violence. Pendant que chacun fuyait ce foyer de corruption, l'intrépide Apôtre de Ceylan se fit l'infirmier de tous les malades abandonnés, païens et catholiques. Il persévéra dans ce sublime dévouement pendant une année entière, se consumant dans des travaux qui auraient promptement épuisé des forces supérieures aux siennes ; mais le Tout-Puissant le soutenait surnaturellement. Avec l'aide de son neveu, il soignait les pestiférés et leur rendait les services les plus répugnants ; il catéchisait les païens, préparait les fidèles aux Sacrements, ensevelissait les morts, portait les cadavres sur ses propres épaules jusqu'à la fosse que souvent il avait dû creuser luimême. Pendant cette terrible calamité, le P. Vaz ouvrit le ciel à plus de mille gentils qui, touchés de son dévouement non moins que de ses exhortations, demandèrent et reçurent le saint Baptême. Le Roi de Kandy, subjugué par une vertu si héroïque, accorda au P. Vaz, malgré les accusations mensongères plusieurs fois renouvelées des prêtres de Bouddha et des hérétiques, l'entière liberté de prêcher la foi catholique dans tous ses États.

Le P. Joseph mit à profit la bienveillance royale ; il bâtit des églises, des oratoires, des hopitaux et il organisa plus complètement la mission dont il était le fondateur. Il fit venir de Goa de nouveaux auxiliaires, comme lui, tous Indiens de la caste des Brahmes et prêtres de l'Oratoire de St Philippe

Néri. Mais, sans songer un seul instant à s'accorder un repos bien mérité, il continua, jusqu'à son dernier soupir, ses travaux apostoliques. Chaque année, il parcourait toute l'île avec un zèle infatigable, prêchant, instruisant, catéchisant; la conversion ou le retour au bercail de cent mille âmes, infidèles, hérétiques, chrétiens apostats ou négligents, furent sa magnifique récompense et la riche moisson que le vaillant Apôtre put présenter à Dieu lorsqu'il fut appelé à son tribunal.

Le Seigneur confirma la mission du P. Vaz en lui accordant le don des miracles. A son aspect, les animaux sauvages perdaient leur férocité naturelle et les démons s'enfuyaient; à sa prière, les malades recouvraient la santé et les mères obtenaient une heureuse délivrance. Lui-même, à diverses reprises, échappa miraculeusement aux recherches des hérétiques et à la fureur des païens. Plusieurs fois, on le vit en extase pendant l'oraison et élevé de terre pendant qu'il offrait le Saint Sacrifice; plusieurs fois aussi, on reconnut qu'il avait eu des lumières prophétiques.

La vie du P. Vaz est particulièrement digne d'admiration en ce qu'elle offre un parfait modèle de la vie contemplative, de la vie pénitente et de la vie apostolique. Uni intérieurement au Seigneur par la pratique d'une oraison continuelle, tout le jour, cet intrépide Missionnaire dépensait ses forces au ser-

ice des âmes et au soulagement des malades et
les indigents, ses plus chers amis. Toute la nuit, il
se consumait en prières au pied de l'autel. Malgré
ses voyages et ses travaux ininterrompus, quoiqu'il
fut d'un tempérament délicat et souvent visité par la
maladie, il s'imposait les plus dures pénitences : des
jeûnes rigoureux et fréquents, une nourriture gros-
sière et insuffisante, le cilice, de rudes disciplines
trois fois par jour, de telle sorte qu'on a pu le
comparer justement à Saint François d'Assise.

Le Seigneur voulut l'éprouver dans les derniers
mois de sa vie par de cruelles infirmités que le
saint Prêtre supporta avec une grande force d'âme,
sans rien retrancher de ses austérités et de ses
labeurs apostoliques. Le dernier jour de sa vie, un
vendredi, il suivit, malgré son extrême faiblesse,
tous les exercices de la Communauté, reçut les
chrétiens de Colombo venus pour le visiter et assista,
avec les Pères présents à Kandy, à l'exercice du
soir, qu'il termina par la discipline publique, suivant l'usage de la Congrégation. Aussitôt qu'il se fut
retiré dans le pauvre réduit qu'il avait choisi pour
cellule, il se sentit atteint d'une forte suffocation.
Les Pères accoururent pour le secourir. Bientôt,
après avoir enduré les douleurs de l'agonie avec une
sérénité qui était le doux reflet de sa tranquillité
intérieure, après avoir demandé et reçu avec ferveur le Sacrement de l'Extrême-Onction, et s'être

entretenu avec Dieu dans des colloques brûlants d'amour, il rendit, à son Créateur, sa belle âme comblée de mérites, dans la nuit du 16 au 17 Janvier 1711. Sa dépouille mortelle fut ensevelie avec honneur, au milieu des plus vives démonstrations de la douleur universelle, dans cette première église de Kandy, qu'il avait dédiée à Marie, sous le vocable de N.-D. de la conversion des infidèles.

Dieu s'est plu à manifester la gloire de son humble Serviteur par des guérisons, des prodiges et de très nombreuses grâces obtenues par son intercession, à laquelle les chrétiens de l'Inde et surtout ceux de Ceylan aiment à recourir avec confiance. Le Procès pour l'information de sa cause fut commencé 40 ans environ après sa mort; beaucoup de faits merveilleux y furent relatés.

Les contemporains du P. Joseph Vaz ont tous été unanimes à célébrer ses mérites ; nous nous bornerons à citer quelques témoignages. Le P. Louis Diaz, son parent et ami d'enfance, affirmait que Joseph Vaz avait gardé dans toute son intégrité la grâce de son Baptême, et le P. Antoine di Vintemilha, qui fut son Directeur à Goa, certifia que, dans la confession générale qu'il lui fit avant de partir pour Ceylan, il n'avait pu découvrir aucune faute grave. Le P. Joseph de Ménézès, son digne auxiliaire à Ceylan et son successeur dans la direction de la mission, déclarait que le P. Vaz retraçait à ses yeux, d'une manière parfaite, les enseignements du *Combat Spirituel*. Le P. Pierre Ferrao le comparait à Saint François d'Assise pour son humilité, sa patience et sa mortification. Après avoir décrit sa pauvreté incomparable, le P. Pierre de Saldanha proclamait que la vie de ce vénérable Père était un vrai miracle. Pour le P. Basile Barreto, la vue du Serviteur de Dieu valait une prédication continuelle ; à son avis, tous ceux qui étaient désireux d'acquérir la perfection auraient dû faire le voyage de Ceylan, ne fut-ce que pour voir une seule fois un prêtre d'une aussi sainte vie ; il ajoutait que, quant à lui, il comptait pour-rien les fatigues qu'il avait éprouvées en allant de Goa à Kandy, au prix de l'inestimable bonheur d'avoir pu recevoir ses conseils et sa bénédiction. Tous ces Pères qui ont vécu près de lui, s'accordent à penser que ce grand Missionnaire fut admis, aussitôt après sa bienheureuse mort, dans l'éternelle béatitude. La réputation du P. Vaz avait traversé les mers. Le V. P. Barthélemy di Quental, fondateur de l'Oratoire de Lisbonne, le proposait à tous ses religieux comme un modèle, et espérait qu'un jour ce vertueux Prêtre recevrait les honneurs suprêmes de l'Église. Jean V, Roi de Portugal, se faisant l'interprète de tous, décernait, dans un Diplôme royal, au P. Joseph Vaz les titres glorieux de *Grand Serviteur de Dieu* et de *Fondateur d'une mission vraiment apostolique*. Ce fut l'une des plus douces consolations de Clément XI, qui occupait alors la Chaire de Saint-Pierre, de savoir qu'aux Indes, l'Église Romaine avait un fils si zélé pour son extension. Lorsque ce Souverain Pontife envoya Monseigneur de Tournon en Extrême-Orient en qualité de Légat, il lui recommanda spécialement de s'occuper de ce Missionnaire et de seconder son action par tous les moyens en son pouvoir. Ce Prélat, depuis Cardinal, écrivit plusieurs fois au P. Vaz dans les termes les plus élogieux ; il voulut même le revêtir de la dignité épiscopale, mais l'humilité extrême du P. Vaz s'en effraya et lui fit refuser un honneur dont il s'estimait indigne.

La Vie du P. Joseph Vaz a été écrite par le P. Sébastien de Régo, l'un de ses neveux, prêtre Indien de l'Oratoire de Goa. Les faits rapportés dans cette simple Notice ont été puisés dans cet ouvrage, ainsi que la Lettre du P. Joseph Vaz à son neveu que nous avons éditée à part, afin qu'elle puisse être lue et méditée plus facilement par les âmes pieuses et par les personnes consacrées à Dieu. Puissions-nous avoir contribué ainsi à étendre les fruits de l'apostolat du P. Vaz.

On nous saura gré d'ajouter quelques mots sur le jeune lévite auquel fut adressé, sous forme de Lettre, ce court et admirable traité de perfection. Il portait aussi le nom de Joseph Vaz et il y ajouta une gloire

de plus, car il fut le digne émule de son saint On-
cle. Entré tout jeune dans la Congrégation de
l'Oratoire de Goa, il y donna l'exemple de toutes les
vertus, et surtout d'une candeur angélique. Au témoignage de son directeur, il avait conservé la grâce baptismale jusqu'à son départ pour la mission de
Ceylan. Il était doué d'une si complète innocence
qu'il n'aurait jamais soupçonné qu'il put y avoir un
vice opposé à la vertu des Anges, sans les études
qu'il avait dû faire pour être confesseur. Ce digne
religieux persévéra dans les labeurs de la vie apostolique jusqu'à sa mort édifiante qui eut lieu au
mois de Juin 1723; il reçut la sépulture dans l'église
de Puttam. Là, Dieu voulut prouver, par des faveurs
extraordinaires, la gloire dont son âme fut appelée à
jouir, en récompense de sa pureté et de son zèle
pour les missions.

———

« *Que l'amour de Dieu habite toujours dans nos âmes et s'y accroisse !*

« Au Frère Joseph Vaz. J'apprécie beaucoup toutes les bonnes nouvelles que le Frère me donne dans sa lettre ; mais, j'estime beaucoup plus encore celles que les Pères de la Congrégation m'envoient au sujet de ses heureux débuts dans le chemin de la vertu. Que le Très-Haut Dieu Notre Seigneur en soit infiniment remercié ! Je le prie d'accorder au Frère la grâce de faire toujours de plus grands progrès et d'acquérir la perfection de toutes les vertus, afin qu'il puisse satisfaire lui-même à ses devoirs pour la gloire du même Seigneur, et pour son avantage personnel et celui du prochain.

« Et puisque notre Frère me demande de saintes instructions concernant la vie spirituelle, pour ne pas errer dans le chemin du salut et y conduire les autres, il m'est revenu à l'esprit que c'est par le soleil que la lune est éclairée et illumine la terre ; mais aussi que la terre, qui ne possède aucune lumière en elle-même, et, par suite, ne peut pas en communiquer

1

aux autres planètes, s'interpose parfois entre le soleil et la lune, et éclipse celle-ci en l'enveloppant de son ombre. Je ne prétends pas avancer par cette comparaison que le Frère n'a pas besoin d'un enseignement solide et décliner la double obligation qui m'incombe de le lui donner. Mais, je veux dire seulement que le Frère se trouve placé dans ce firmament de la Congrégation où resplendissent tant de soleils qui sont les Supérieurs, les maîtres spirituels, et tous les autres religieux vertueux, qui, par leurs œuvres et leurs paroles lumineuses, instruisent, excitent, reprennent, et quand il le faut corrigent, ne laissent personne s'écarter de l'étroit sentier du salut, et guident avec un soin infatigable, vers la porte sûre de la béatitude, tous ceux qui sont confiés à leur garde.

« Il n'en est pas ainsi dans ce pays de Ceylan qui, bien que très rapproché du soleil matériel, par sa situation sur notre globe, est toutefois très éloigné du Soleil de Justice, puisqu'il ne reçoit pas la lumière de la sainte foi. A la vérité, il ne manque pas ici de savants qui présument avoir appris quelque chose sur le ciel, les planètes, les étoiles, et d'un très grand nombre de personnes qui désirent acquérir ces notions, mais bien rares vraiment sont ceux qui connaissent ou désirent connaître le Créateur de l'univers. Il y a aussi des athées qui disent : *Il n'y a pas de Dieu*, et d'autres qui croient qu'il existe plusieurs dieux et plusieurs religions, et que toutes ces religions sont vraies et peuvent conduire au salut. Ces pauvres aveugles ignorent quel est le vrai bien pour le suivre et le vrai mal pour le fuir ; et, à cause de cela, (on le voit fréquemment dans ce pays), ils sont charnels, terrestres, tout aux intérêts de la vie du corps, et ne songent aucunement aux choses spirituelles et éternelles.

« Mais la folie de ces païens (qu'il plaise au Seigneur de leur donner la lumière !) n'est pas un motif que moi, prêtre et religieux, je puisse alléguer pour cesser d'être animé par la dévotion; car, la divine miséricorde ne manque jamais de me départir une grâce abondante par les exemples des missionnaires, mes compagnons, vrais flambeaux évangéliques qui, avec la splendeur de leurs mœurs exemplaires et de leurs enseignements salutaires, brillent en cette mission et travaillent infatigablement, pour que tous connaissent le vrai Dieu et se sauvent en observant ses commandements. Ce Dieu de bonté, par un amour particulier dont ce misérable ne sait pas tirer son profit spirituel, même pour être leur indigne frère et compagnon, ne cesse pas, par leur moyen, de m'aider de conseils très utiles, de m'avertir de mes défauts et d'y ajouter des remèdes efficaces pour mon avancement, quoique je n'en aie pas profité comme je le devrais.

« C'est pourquoi mon âme misérable est devenue tellement terrestre qu'elle ressemble à cette terre :

froide, sans la chaleur et la ferveur de la charité ; aride, sans la rosée de la contrition et de la componction ; sèche, sans la tendresse de la dévotion et de la compassion ; résistante aux coups et aux traits des divines inspirations ; impénétrable aux racines de la bonne semence de la parole de Dieu et de la perfection évangélique ; inculte, sans le travail de la vraie oraison et de l'examen ; dépourvue des plantes des vertus ; embarrassée des chardons et des épines qui offensent et scandalisent le prochain ; raboteuse et intraitable, sans affabilité ni politesse envers ceux avec lesquels je dois traiter ; stérile, sans les fruits de la pénitence et sans œuvres méritoires ; habitée par les horribles monstres des vices ; montueuse par la présomption et la propre confiance ; couverte des ténèbres qui aveuglent mon intelligence ; dominée par les affections et appétits de la propre volonté ; chargée du poids de graves péchés ; immobile et paresseuse, sans diligence dans le service de Dieu ; entourée par les eaux des plaisirs mondains ; soutenue en l'air par la vanité ; appesantie dans la bassesse de son centre naturel ; sans force, pour s'élever par la ferveur de l'esprit à la contemplation des choses célestes, et sans dispositions, pour être soulevée vers elles par l'impulsion du Saint Esprit ; terre, d'où s'exhalent des vapeurs épaisses et pestilentielles procédant du mal ; terre, qui infecte ceux qui l'approchent par son contact et ses exemples ;

terre, qui n'est pas ferme dans les bons propos et dans la persévérance du bien commencé ; mais, qui ressemble plutôt à une île située dans une mer agitée et orageuse, sans la paix de la conscience, battue de toutes parts par les flots des vaines pensées ; enfin, terre bien méprisable de mon âme, qui, par son interposition entre l'astre du jour et celui de la nuit, empêche les rayons du soleil de se communiquer à la lune, en sorte qu'elle l'éclipse et l'obscurcit de son ombre.

« Ainsi, mes habitudes grossières font que la lumière des planètes évangéliques, qui me guide vers la perfection, n'est aperçue de personne ; l'ombre épaisse de mes imperfections diminue la splendeur de leur vertu très sereine, mes défauts servent d'obstacle entre leur clarté et ceux qui sont à portée de la voir, et moi, je suis la cause malheureuse qui atténue la chaleur et la lumière de ces soleils, dans la pensée de ceux auxquels mes péchés font croire que leurs très parfaites qualités n'existent pas. Car, si le monde, nous sachant tous compagnons et frères, juge des autres d'après ce qu'il voit en moi, combien dois-je davantage le scandaliser, puisque je porte le nom de Supérieur ?

« Non seulement mon relâchement, ma paresse et ma tiédeur dans le service de Dieu et la pratique de la perfection sont capables d'empêcher ceux du dehors d'apercevoir la lumière de la brûlante charité de mes frères, mais encore, ne serais-je pas la cause que mes frères eux-mêmes se ralentiront dans le chemin de la vertu, et même y reculeront, tandis que Dieu les sollicite d'avancer toujours vers la perfection ? Oh ! non, Dieu ne les laissera pas retourner en arrière ; Il les fera courir en avant par l'ardeur de son divin amour, et ils marcheront d'un pas égal à ceux du très doux Jésus dont ils suivent les traces.

« Oui, c'est avec raison que j'ai comparé mon âme à cette terre infidèle et perverse que j'habite ! Quelle céleste doctrine et quels saints enseignements pourrais-je donc donner au Frère pour lui apprendre à voguer lui-même en sûreté et à diriger les autres vers le port du salut ? Je sais que si le Frère me demande des conseils, c'est parce qu'il a une bonne opinion de moi ; louée soit à jamais la bonté de notre Rédempteur qui, pour l'amour de mon salut et de celui de mon prochain, permet que cet infidèle serviteur jouisse, dans l'estime des autres, d'une réputation de vertu et de fidélité ! C'est lui qui couvre mes misères personnelles, avec le manteau de sa divine miséricorde. Frère bien-aimé, veuillez prier ce doux Seigneur qu'Il me rende tel que les autres pensent que je suis ; ou plutôt, que Dieu me fasse la grâce de devenir tel que sa volonté veut que je sois, et que je dois désirer être, et tel que je lui demande de me rendre, pour correspondre à ses divins désirs.

« Donc, me confiant dans la puissance de Dieu et non dans ma fragilité, je satisferai, autant que je le puis, à la juste demande du Frère et je suivrai ce bon conseil : Si vous avez beaucoup, donnez beaucoup, et si vous avez peu, donnez peu. Je ne pourrai donner au Frère que bien peu, mais, au moins, je lui donnerai tout le peu que je possède.

« Je sais, Frère bien-aimé, que vous avez été admis dans la Congrégation à un âge beaucoup plus tendre que tous ceux qui y sont entrés jusqu'ici. Or, remarquant que la lune est ainsi appelée parce qu'elle est la moindre des deux grands luminaires célestes, j'ai considéré quelques propriétés particulières de cet astre des nuits, dans lesquelles ceux qui traitent de la perfection et du salut des âmes, et qui sont appelés à servir Dieu dans les missions, peuvent découvrir d'utiles enseignements. Je me bornerai à indiquer au Frère ceux qui m'ont paru les plus nécessaires.

« Que le Frère se souvienne toujours, avec une vive reconnaissance, de l'immense bienfait de sa vocation et de son entrée dans la sainte Congrégation dès ses jeunes années, alors qu'il était orné d'une simplicité et d'une innocence plus parfaites que les autres religieux. Qu'il rende des actions de grâces particulières à l'Auteur de tout bien pour cette faveur inappréciable ; qu'il l'aime de toutes ses forces avec une ardente charité, et, qu'il se rende en tout agréable au Seigneur qui l'a appelé, et à la sainte Congrégation qui l'a reçu. Autant ce bienfait est au-dessus de tous les autres, autant le compte qu'il lui en faudra rendre sera plus redoutable, et, par conséquent, il doit se montrer très attentif à y correspondre. Et, quoique le Frère, à son entrée dans la Congrégation, eut déjà dépassé l'âge de cet enfant que le très innocent Agneau de Dieu présenta aux Saints Apôtres, afin qu'en l'imitant dans l'humilité et dans la simplicité, ils se rendissent capables d'entrer dans le royaume des Cieux ; néanmoins, le Frère était encore d'un âge assez rapproché du sien ; à cause de cela, il était plus disposé à devenir, sans trop de difficulté, *cœteris paribus*, semblable à lui. Pourtant, venant à considérer, mon très cher Frère, que tout ce qui se pratique dans les Congrégations a pour but d'arriver dès ce monde à l'innocence de cet enfant, ou plutôt à celle qu'Adam perdit par le péché, travaillez, avec courage, à devenir un enfant. Je ne veux pas dire : demeurez dans l'état et dans la condition naturelle de l'enfance ; mais : acquérez l'innocence et les autres vertus surnaturelles ; devenez-en un modèle vivant, et digne d'être donné en exemple ; croissez en simplicité à mesure que vous croîtrez en âge, et, avec l'aide de Dieu, devenez chaque jour plus enfant et plus innocent.

« De telle sorte que le Frère soit vraiment enfant par l'obéissance ; enfant par la chasteté et la continence, enfant par la simplicité ; enfant, sans orgueil, sans intérêt personnel, sans cupidité ; enfant, sans aucune ambition, sans aversion, sans envie ; enfant, sans duplicité, sans malice, sans péché ; enfant, aimant de tout son cœur ce Père très aimant qui l'a aimé le premier, qui l'a créé, et le conserve chaque jour ; enfant, qui porte à son Père un tel amour qu'il ne veuille pas s'en aller d'entre ses bras, et beaucoup moins s'éloigner de sa présence et de sa maison, et déchoir de son amitié ; enfant, qui aime les autres enfants ses frères, sans jamais les offen ser, sans garder le souvenir des torts qu'ils ont pu avoir envers lui ; enfant, qui se contente de la nourriture et des vêtements que son Père lui donne, sans se plaindre ni murmurer ; enfin, Frère, en tout soyez enfant, et le moindre de tous, à la ressemblance de la lune qui est le plus petit des deux grands corps lumineux.

HUMILITÉ.

« La lune est placée dans le dernier ciel ; elle est moindre par son étendue et inférieure par sa situation à toutes les autres planètes et étoiles qui sont au-dessus d'elle. Qu'à son imitation, le Frère soit très humble dans ses pensées par la connaissance de son propre néant ; attribuant tout le bien à Dieu Notre Seigneur et rien à lui-même ; respectant tout le monde en s'estimant inférieur à toutes les créatures ; se croyant sincèrement le moins digne de tous de recevoir quelque bien, honneur et dignité ; recherchant pour lui le poste, l'office et le lieu le plus bas ; choisissant pour les repas, les vêtements, les livres, les meubles de sa cellule, les choses les plus viles et d'un prix inférieur ; se regardant comme petit et nul, non seulement lui-même, mais encore tout ce qui lui est personnel, comme le savoir, l'habileté, la vertu, et se réjouissant que tous le tiennent pour tel, le jugent, le réprimandent. Quand on lui fera sentir sa nullité, qu'il ne s'en trouble pas, et qu'il n'en éprouve aucun ressentiment ; de même, qu'il ne témoigne aucune satisfaction quand on l'estimera et qu'on le louera pour ses bonnes qualités. Et lorsqu'il aura eu des occasions de pratiquer des actes d'humilité, qu'il ne se mette pas en peine de rechercher s'il les a mises à profit, car il pourrait se prévaloir ensuite de son humilité elle-même. En agissant de cette manière, il avancera beaucoup et ne s'arrêtera jamais jusqu'à ce qu'il soit parvenu au plus haut degré, ou au *non plus ultra* de l'humilité ; et ainsi, il imitera la lune qui se tient dans le ciel le plus bas, au-dessous duquel il n'y en a pas d'autre où elle puisse descendre.

OBÉISSANCE.

« La lune a eu son principe et son être par l'obéissance, de sorte que si, par impossible, la lune n'avait pas obéi au *Fiat* divin, elle n'existerait pas et n'aurait pas l'être qu'elle a. Tel le religieux qui n'obéit pas parfaitement n'a pas l'essence du religieux, et paraît être plutôt quelqu'un qui, en réalité, n'a pas d'existence. Que le Frère soit donc très obéissant envers tous les Supérieurs, en accomplissant, sans répugnance intérieure et extérieure, tout ce qu'ils lui commanderont, sans exiger la raison de ce qui lui est imposé ; qu'il tienne pour bon et sûr tout ce que les Supérieurs jugent tel ; excepté ce qui serait une offense évidente envers Dieu (*quod absit*), que, pour rien au monde, on ne doit se permettre; comme les enfants qui, sans chercher la raison et le pourquoi de ce qui leur est ordonné, font sans hésiter ce que leurs parents leur commandent, et comme la lune qui a toujours obéi, et obéit encore ponctuellement au suprême Seigneur.

PAUVRETÉ VOLONTAIRE

« La lune ayant été tirée du néant pour éclairer la terre et lui communiquer d'autres avantages par ses influences, Dieu la créa indépendante de la terre, de telle sorte que, même pour un court instant, il ne lui fut pas permis de s'en approcher. Ainsi, les religieux et les prédicateurs évangéliques, et autres ministres de la religion, qui désirent servir le Seigneur avec une grande perfection, et faire du fruit dans les âmes, doivent être, d'après la volonté de Dieu, si détachés et désintéressés des objets terrestres que, bien qu'ils ne puissent, à cause de leur corps, s'abstenir d'habiter ici-bas et d'y user des choses nécessaires et même indispensables, en ce pèlerinage dans la vallée des larmes, néanmoins, par le cœur, ils doivent toujours se tenir dans le Ciel qui est le royaume des pauvres d'esprit. Par ceci, que le Frère voie combien il est nécessaire que lui, qui, par la grâce de Dieu, a résolu de le servir dans l'état le plus parfait et de s'appliquer au salut des âmes, s'affectionne beaucoup à la pauvreté évangélique, ne voulant ni ne cherchant rien en ce monde, ni honneurs, ni richesses, ni plaisirs. Mais, qu'il tienne pour son plus grand honneur que Dieu seul soit honoré de tous, en toutes manières, en tous lieux, en tous temps; que son unique richesse soit ce même Dieu et l'héritage du Christ qui sont les âmes, héritage si précieux que le Sauveur a voulu le racheter au prix de son sang; que son occupation de tous les instants soit de procurer le bien et le salut de toutes ces âmes; que ses meilleures délices soient de souffrir avec le Christ et pour le Christ, son seul plaisir de plaire à Dieu, de se tenir dans sa divine compagnie et de goûter le bon témoignage de sa conscience. Qu'il dirige toutes ses actions à cette fin, avec la ferme espérance que la divine Providence qui prend soin des pauvres, ne le laissera pas manquer du nécessaire. Qu'il se contente de ce qui lui est donné par la communauté, aussi bien au réfectoire que pour le vêtement, pour l'habitation et dans le temps de la maladie, ne désirant rien de plus ni de meilleur, tenant pour le plus et pour le meilleur ce qui lui est fourni. Bien plus, que loin de désirer du superflu, il ait un grand désir de souffrir par manque du nécessaire; qu'il porte une sainte envie à ceux qui souffrent par élection et qu'il compatisse de tout son cœur à ceux qui souffrent par nécessité; que ses plus ardentes aspirations soient dirigées vers ses besoins spirituels et vers ceux du prochain, et qu'il procure à tous autant de soulagement qu'il lui est possible, au moins par la prière, en suppliant Dieu qu'Il daigne y remédier. De cette manière, le Frère sera le bienfaiteur de tous, sans le moindre intérêt personnel, comme la lune est la bienfaitrice de la terre, sans avoir aucune part avec elle. Que le Frère agisse ainsi, et il ne viendra jamais à manquer du nécessaire; comme les petits enfants qui n'ont rien en propre, ne savent rien rechercher pour eux; mais, parce qu'ils vivent auprès de leurs parents, ils sont honorés de l'honneur qu'on leur rend, ils sont riches de leurs richesses, heureux de leur compagnie, et sont pourvus suffisamment par eux de ce qui leur est utile. Que le Frère méprise ainsi tout ce qui est terrestre, et, sans avoir rien en propre, il possédera tout et en enrichira plusieurs.

CHASTETÉ.

« La lune n'a pas de chaleur quoiqu'elle se trouve située dans le voisinage de la région du feu, mais elle ne ressent pas l'ardeur de sa flamme et n'est pas obscurcie par sa fumée ; parce que, si le feu élémentaire est le même que celui dont nous usons, néanmoins, il en diffère dans ses propriétés ; par exemple : il ne donne pas de fumée, il se conserve sans aliment, il se tient tranquille au dedans de sa sphère, et son impulsion *ad supra* ne cause aucun préjudice ni altération aux corps qui l'avoisinent. Ainsi, les Missionnaires, qu'on peut désigner sous le nom d'astres évangéliques, doivent être tellement imprégnés, et, pour ainsi dire, baignés dans les eaux de la divine grâce, qu'ils aient amorti et éteint en eux-mêmes le feu des passions, et aient réduit la luxure en cendres froides. Et, parce que le feu de l'impureté a son foyer dans notre nature corrompue, comme le feu élémentaire existe dans l'essence de la lune, qu'il se conserve longtemps quoiqu'enseveli sous la cendre froide, et que si petite que soit une étincelle de ce feu, elle peut allumer, dans notre volonté refroidie, un incendie beaucoup plus grand que ne pourrait le faire le feu matériel dans le bois sec, et que Dieu seul le peut éteindre avec la pluie et la rosée de sa grâce ; pour cela, dis-je, nous devons le demander instamment, ce rafraîchissement céleste, comme une insigne faveur, au Seigneur Tout-Puissant, amateur de la chasteté ; afin qu'Il nous le concède avec abondance, qu'Il éteigne en nous le feu naturel de la concupiscence, et que nous devenions comme les enfants innocents qui ne souffrent et n'éprouvent aucun de ses tristes effets. Nous supplierons donc le Seigneur d'empêcher que nous ne soyons engloutis dans une ruine morale, et que notre âme ne soit obscurcie par la fumée des mauvaises pensées, ni troublée par des mouvements et des représentations même involontaires. Gardons-nous d'ailleurs soigneusement de donner entrée, par nos sens ou puissances, aux figures de ces objets qui sont nuisibles à la conservation de la sainte vertu de la virginité. La pureté est comme une fleur qui demande à s'épanouir à l'abri de tout contact pour n'être pas fanée, et comme un miroir qui doit être placé loin du moindre souffle qui sort de la bouche pour n'être pas terni. Et, parce que, d'ordinaire, cette angélique vertu n'est pas confirmée en nous, pas plus que ne l'a été la grâce dans les Anges au moment de leur création, ce qui fut cause que beaucoup d'entr'eux tombèrent en enfer par orgueil, ainsi, par notre fragilité, nos négligences et nos misères, nous pouvons facilement perdre le lis de la virginité et briser le cristal de la chasteté. Nous devons donc nous délier de nous et de notre néant, mettre notre confiance dans la toute-puissance de

Dieu et le supplier humblement de nous garder du mal, en lui disant souvent : *Præcinge nos, Domine, cingulo puritatis, et extingue in lumbis nostris humorem libidinis, ut maneat in nobis virtus continentiæ et castitatis* (1). De notre côté, avec l'aide de la divine grâce, nous nous armerons, pour la défense de cette inestimable pierre précieuse, des armes d'une oraison continuelle, des jeûnes, cilices et autres mortifications volontaires, en y ajoutant la garde vigilante de nos sens intérieurs et extérieurs, et la fuite de tout ce qui peut devenir pour nous une occasion de péril ; nous y ajouterons encore ce qu'enseignent les livres de spiritualité, et tout ce que les Saints ont pratiqué pour se conserver purs.

FERVEUR DE L'ESPRIT.

« La lune a ses accroissements et ses diminutions; ainsi, nous, qui professons la perfection, nous devons croître sans cesse chaque jour dans la vertu et travailler à déraciner nos défauts. Il nous faut donc décroître dans l'amour propre et dans l'amour du monde, et croître dans l'amour de Dieu et du prochain ; décroître dans l'avarice, dans l'orgueil, dans l'impureté, dans la gourmandise et dans les autres vices, et croître dans l'humilité, dans la ferveur du

____

(1) Ceignez-nous, Seigneur, de la ceinture de la pureté, éteignez dans nos reins la flamme de la passion, afin que la vertu de continence et de chasteté demeure en nous. (Prière liturgique).

service de Dieu et dans la pratique des autres vertus. Nous devons nous mortifier chaque jour davantage dans notre propre volonté, dans nos passions et appétits, et développer en nous la conformité à la volonté divine, le désir de souffrir pour Jésus-Christ et d'accomplir en tout son bon plaisir ; nous devons crucifier sans cesse le monde et le péché, et devenir plus zélés pour les choses qui regardent le service de Dieu ; c'est notre devoir quotidien de nous détacher plus complètement des biens terrestres et de nous attacher davantage, par le cœur, aux biens célestes ; nous devons nous efforcer d'acquérir toujours, à un plus haut degré, la connaissance de notre propre nullité, de la grandeur de Dieu, de la malice de tous les vices, de la beauté de toutes les vertus, afin que nous arrivions à détester ceux-là et à aimer tellement celles-ci que nous renoncions à nos mauvaises habitudes, pour atteindre le comble de la sainteté. Enfin, il est nécessaire que chaque jour nous nous séparions devantage de toutes choses et de nous-mêmes, et que nous nous unissions à Dieu d'une manière plus intime ; de telle sorte que nous paraissions plutôt morts que vivants, et que nous puissions dire en toute vérité : Nous vivons, mais non pas nous. Et si, par extraordinaire, il venait à la pensée du Frère qu'il eut fait des progrès dans quelque vertu, qu'il se garde de croire qu'il est arrivé à la perfection, mais qu'il se persuade plutôt qu'il n'en est encore qu'au début, et qu'il lui reste beaucoup plus à faire par la suite que ce qu'il a pu réaliser déjà. Qu'aspirant toujours à la plus grande perfection des vertus, il désire décroître dans tout ce qui est inutile pour le salut et croître sans cesse en tout ce qui est utile et saint, et qu'il recommence chaque jour ce travail comme si, ce jour-là même, il entrait dans la Congrégation. Qu'il prenne exemple sur la lune nouvelle qui va toujours en acquérant un plus haut degré de clarté, jusqu'à ce qu'elle soit arrivée à son plein. Qu'il considère aussi l'enfant qui, sans s'en apercevoir, devient insensiblement plus grand; croît dans son corps jusqu'à l'état parfait où il perd l'ignorance et la puérilité, et où son esprit peut s'appliquer à la science et se gouverner avec prudence. Frère, laissez ainsi la faiblesse de l'enfance, cette vertu imparfaite qui ne saurait convenir aux hommes spirituels; croissez dans les vertus solides et parfaites, dans la science et dans la prudence célestes. Et, pour profiter davantage, appliquez-vous à éviter tout ce qui vous paraît mauvais dans les autres et à imiter tout ce qui vous semble digne de louanges.

EXERCICE DE LA PRÉSENCE DE DIEU.

« La lune n'a pas de lumière propre, ou du moins celle qu'elle possède est si faible qu'elle n'est pas suffisante pour la rendre lumineuse et capable d'éclairer la terre. C'est pour cela qu'elle se tient toujours tournée vers le soleil, contemplant sa splendeur et absorbant ses rayons ; car, c'est de lui qu'elle reçoit la lumière pour elle même et pour les autres. De même, les missionnaires, que j'ai déjà comparés à des astres évangéliques, doivent reconnaître que leurs propres mérites ne sont pas suffisants pour les éclairer et les rendre capables d'illuminer les hommes des clartés de la foi et de la grâce, et qu'ils ne peuvent, par eux mêmes, persévérer et croître dans cette lumière ; par conséquent, ils doivent avoir soin de se tenir toujours tournés vers le Soleil incréé, de marcher en sa divine présence, et de le prier instamment de les rendre propres au ministère si sublime du salut des âmes. Ils demanderont aussi à Dieu avec ferveur de préparer intérieurement ceux qu'ils doivent prêcher et catéchiser, en éclairant leurs intelligences et leurs cœurs, afin qu'avec facilité, bonheur et profit, ils écoutent, comprennent et reçoivent la semence de la divine parole, et que, quittant les ténèbres de l'infidélité et de l'hérésie et les ombres du péché, ils s'illuminent eux-mêmes des clartés célestes. Il nous faut pratiquer cet exercice d'oraison continuelle et de présence de Dieu, non seulement quand nous sommes retirés dans notre cellule ou dans l'oratoire ; mais encore quand nous agissons, quand nous voyageons, ou que nous faisons d'autres actions extérieures ; à l'imitation de la lune qui, tandis qu'elle poursuit sa course avec rapidité en éclairant la terre, ne cesse jamais de regarder fixement le soleil.

« De plus, dans le but de nous éclairer nous-mêmes et d'illuminer les autres, il nous sera très utile de fixer nos regards sur d'autres soleils qui brillent près de nous ; je veux dire par là que nous devons avoir la plus grande docilité à suivre la direction et les conseils que nos Supérieurs nous donnent, ainsi que les Directeurs et Confesseurs. Le Frère doit être comme un enfant qui, pour être bien instruit et devenir capable d'enseigner les autres, a besoin de recevoir des enseignements et même des châtiments. Qu'il estime donc beaucoup ses Supérieurs et Directeurs et ne se permette jamais de critiquer leurs ordres, leurs conseils, leurs reproches et leurs corrections ; qu'il ne fasse pas la moindre chose sans leur permission et leur avis, surtout quand il s'agit d'affaires importantes. En outre, pour tout ce qu'il entreprendra, qu'il prenne toujours conseil de Dieu et lui demande sa bénédiction, par le moyen de l'oraison ; qu'il le supplie aussi de donner à ses Supérieurs les lumières et le discernement nécessaires pour le conseiller, de la manière qui sera la plus agréable à la divine Majesté.

IMITATION DU CHRIST ET DES SAINTS.

« La lune reçoit la lumière du soleil, même quand il est éclipsé ; l'astre du jour lui communique alors sa clarté quoiqu'il n'apparaisse plus à nos yeux, parce qu'à ce moment les rayons du soleil sont interceptés par le corps solide de la lune qui se trouve entre lui et la terre. De même le Frère, pour bien remplir toutes ses obligations comme chrétien, comme membre de la Congrégation, et aussi comme prêtre et comme missionnaire, lorsque Dieu l'aura appelé à ces sublimes fonctions, doit prendre exemple des soleils éclipsés. C'est ainsi que je désigne les Saints et les pieux Docteurs : par l'éclipse de leur mort, ils furent soustraits à nos regards, et, néanmoins, ils ne cessent de nous éclairer par les exemples illustres de leur vie, par les livres de doctrine qu'ils nous ont laissés, et, davantage encore, par leur puissante intercession auprès du Très-Haut.

« Mais, beaucoup plus et beaucoup mieux encore, nous illumine le Saint des Saints, la Lumière de Lumière, le vrai Soleil de Justice qui, par amour pour nous, s'est éclipsé en mourant sur la croix, notre bon Jésus crucifié, mort et enseveli ; même éclipsé, Il illumine tout le monde, appelle toutes les créatures à le connaître, donne aux pécheurs la contrition de leurs égarements, applique aux justes et offre à tous les hommes les fruits de ses mérites. Frère, fixez attentivement les yeux du corps et surtout ceux de l'âme, sur ce Livre mystérieux, sur ce Soleil divinement éclipsé ; lisez-le souvent, et méditez-le longuement avec toute l'attention dont vous êtes capable ; gémissez intérieurement de le voir ainsi éclipsé pour votre amour, et parce que ce sont mes péchés, les vôtres, et ceux de tous les hommes qui l'ont fait mourir, demandez lui pardon pour vous-même et pour les autres ; désirez ardemment l'imiter et suivre en tout ses exemples et sa doctrine. Efforcez-vous d'agir avec les mêmes intentions et pour la même fin que le Sauveur agissait lui-même ; suppliez-le de vous accorder son amour, sa divine présence, une union inviolable avec lui. Imitons les enfants qui pleurent sur les malheurs de leurs parents ; aimons-le, ce divin Jésus, désirons correspondre à son amour, compatir à ses souffrances et goûter notre repos entre ses bras et sur son Cœur. Et lorsque nous lirons quelqu'autre livre que ce Livre du divin Crucifié, ayons soin de faire cette lecture avec l'intention d'en profiter pour notre âme et pour le bien des autres.

CORRECTION FRATERNELLE.

« Puisque la lune n'a pas d'yeux, elle ne peut pas apercevoir en elle-même les taches que nous y observons ; il en est de même des enfants avant l'âge de raison : ils ne connaissent pas leurs défauts. Du reste, il en est des défauts personnels comme des rides de la figure ; nous ne pouvons les constater que dans un miroir. Il nous faut donc prier ceux avec qui nous vivons, et surtout, les personnes qui méritent notre confiance, de nous servir de miroirs, en nous faisant voir nos fautes, dans le but de notre amendement.

« Si quelqu'un avertit ou réprimande le Frère de quelque défaut que lui même n'a pas découvert en faisant son examen, sans essayer de contredire ni de se disculper, qu'il rende grâce à Dieu de l'avoir préservé de cette faute, et lui demande de ne jamais la commettre. Mais qu'il se tienne pour très indigne de se comparer à l'innocent Agneau de Dieu qui fut traité comme un pécheur sans avoir jamais commis aucun péché.

« S'il arrive que le Frère soit obligé, pour un motif de justice ou de charité, d'avertir ses compagnons de leurs défauts, qu'il ait soin de le faire avec une grande affabilité, comme si les défauts des autres étaient ses propres défauts, ou comme il voudrait lui-même être averti de ses manquements ; qu'il considère que lui-même commet souvent ces mêmes fautes et parfois de plus considérables, et qu'il tomberait dans les plus grands crimes si la grâce de Dieu ne l'en préservait.

PRÉPARATION AUX EXERCICES DE PIÉTÉ.

« Toutes les parties du corps de la lune ne sont pas égales ; les unes sont plus denses et les autres moins, d'où il résulte que le soleil communiquant également sa lumière à toutes les parties de la lune, les plus denses sont plus éclairées et les moins denses reçoivent une lumière plus faible. On peut remarquer une chose semblable dans le corps mystique de l'Église et dans les Congrégations religieuses sur lesquelles Dieu, Soleil incréé, répand également la lumière de sa grâce ; mais, les différentes parties de l'Église qui sont les fidèles et des Congrégations qui sont les religieux, en reçoivent plus ou moins de clarté, suivant les dispositions de chacun. De sorte que le Frère, pour recevoir une grâce plus abondante et recueillir des fruits plus considérables de l'oraison, de l'examen de la conscience, de la lecture spirituelle, de la Messe, de la réception des Sacrements et des autres exercices pieux, communs ou particuliers, doit, avant de s'y adonner, les faire précéder d'une bonne préparation et s'y disposer de la meilleure manière qu'il lui est possible. Il doit ensuite accomplir ces exercices avec une grande attention et une parfaite application des puissances et des sentiments de l'âme, et avec un grand empressement de procurer la gloire de Dieu et d'accomplir en tout sa très sainte volonté.

MODESTIE.

« La lune, suivant qu'elle regarde diversement le soleil, resplendit de différentes manières, croissant et décroissant, et même prenant des formes variées ;

c'est ainsi que, quelquefois, elle se montre courbée
en arc, d'autres fois divisée par moitié, tantôt avec un
demi-cercle, tantôt avec un cercle plein. Mais, elle
prend toutes ces figures en dedans de son globe
circulaire, sans jamais en sortir en tout ou en partie.
De même, quoique le Frère, suivant les différents
ordres des Supérieurs et l'élection des religieux,
soit appelé à exercer des offices variés, par exemple
celui de cuisinier, de portier, de sacristain, d'infirmier, etc.., il doit, dans tous ces emplois, se tenir
enfermé dans la modestie sans jamais sortir de ses
limites.

« Un séculier demandait une fois en quelles
fonctions un religieux faisait la meilleure figure. On
lui répondit : en cinq ; à savoir : au chœur, en
chaire, au confessionnal, à l'autel ; et comme l'in-
terlocuteur s'informait quelle pouvait bien être la
cinquième, on lui repartit: en peinture. Et l'on disait
vrai, car les religieux représentés ainsi paraissent très
bons. De sorte que pour devenir un excellent religieux, le Frère doit se comporter en tout comme
un religieux peint. Il doit vivre comme s'il était un
tableau, ou comme un être sans vie, parce que un
religieux peint au naturel a son attitude et ses vêtements reproduits de la manière qui conviendrait le
mieux à un religieux vivant ; il a la tête et les mains
levées ou baissées ; la bouche et les yeux ouverts
ou fermés ; le corps couché ou droit, ou tourné

d'un côté ou d'un autre ; la démarche joyeuse ou triste ; il est en tout conforme à l'action qu'il représente, sans jamais faire quelque geste ou mouvement qui ne conviendrait pas ; sans s'incliner ou s'élever, et enfin, sans aucune modification dans sa manière d'être, il demeure et persévère dans l'attitude en laquelle le peintre l'a reproduit ; de telle sorte que, si le cadre était changé, l'action représentée dans le tableau, par la peinture, ne varierait pas. Or, le Frère, en célébrant la Sainte Messe ou en l'entendant, en récitant l'Office, en chantant, en parlant, en marchant, en enseignant ; qu'il soit assis, levé, endormi ou silencieux, doit imiter le religieux qui serait peint au naturel. Il lui faut observer aussi parfaitement que possible la sainte modestie en chacune de ses démarches. Qu'il évite le rire, les bons mots, les plaisanteries, les railleries et autres actions immodestes qui seraient indignes de la personne d'un religieux consacré à Dieu. Qu'il s'applique à accomplir toutes ses œuvres dans la paix de l'âme et avec la joie intérieure et extérieure, en se tenant toujours dans les bornes de la modestie, sans sortir de la mesure et des règles enseignées par les Saints. De cette façon, le Frère représentera bien un religieux de la Congrégation et sa contenance sera revêtue d'une beauté céleste, comme la lune qui prend tant de formes diverses, mais qui, parce qu'elle n'est jamais sortie des limites de son cercle, est appelée belle dans les Livres saints : *Pulchra ut luna* (1).

DU SOIN DE CROÎTRE DANS LES VERTUS
ET DE CORRIGER SES PROPRES DÉFAUTS.

« La lune, quand elle est arrivée à sa plénitude, commence peu à peu à décroître jusqu'à ce qu'elle soit parvenue à son déclin. Nous devons craindre beaucoup qu'il se produise en nous une chose semblable ; en effet, si nous nous contentons d'une certaine mesure dans la pratique de la vertu, et si nous ne faisons pas en sorte d'y avancer chaque jour davantage, nous viendrons peu à peu à décroître ; et, quelquefois même sans nous en apercevoir, nous en arriverons à perdre entièrement les vertus acquises. Que Dieu ne le permette pas et ne nous laisse pas nous précipiter dans quelque vice, par un juste châtiment de notre orgueil, de notre ingratitude, de notre confiance en nous-mêmes, de notre négligence dans les actions ordinaires, de notre surdité spirituelle, de notre défaut d'obéissance aux inspirations de la grâce, etc... Pour éviter un pareil malheur, que le Frère attribue soigneusement à Dieu tout le bien qui est en lui, et qu'il lui en rende les actions de grâces qui lui sont dues ; qu'il tremble pour lui-même et fasse grand cas des petites fautes ; et que,

(1) Belle comme la lune. (Cantique des Cantiques VI, 9).

non seulement il obéisse avec promptitude et avec joie aux divines inspirations, mais qu'il exprime souvent, dans ses oraisons, le désir de connaître et de suivre en tout la sainte volonté de Dieu.

DE LA PATIENCE DANS LES INJURES
JUSQU'A RENDRE LE BIEN POUR LE MAL.

« La lune, sans prendre garde que la terre, par son interposition entre elle et le soleil, l'éclipse et l'obscurcit de son ombre, lui communique néanmoins sa lumière et lui départit d'autres bienfaits par ses influences ; de manière qu'elle lui rend le bien pour le mal. A cet exemple, que le Frère souffre avec patience et même avec joie les mauvais traitements et les injures ; qu'il ne désire de mal à qui que ce soit, mais qu'il souhaite du bien à tous, et qu'il s'efforce de le leur procurer, surtout à ceux dont il aurait pu recevoir des offenses, en leur montrant une figure joyeuse et en priant pour eux de bon cœur Dieu Notre-Seigneur.

ZÈLE DE L'HONNEUR DE DIEU.

« A la fin du monde, quand le soleil s'obscurcira et que les étoiles tomberont du ciel, la lune paraîtra ensanglantée (1). Ainsi nous, missionnaires, et même les simples chrétiens, tous nous devons avoir tant

(1) Apocalypse (Chapitre VI, verset 12).

de zèle pour l'honneur de Dieu et pour le salut des âmes, que lorsque nous voyons Dieu, vrai Soleil de Justice, offensé par les péchés des hommes, quand nous voyons les âmes qui sont figurées par les étoiles tomber dans le péché et dans l'enfer, nous devrions en ressentir une vive douleur, jusqu'à suer du sang ; et, afin d'éviter que Dieu soit insulté et que son honneur soit outragé par ses créatures, afin que les âmes ne se précipitent pas dans les vices, dans le péché, et que celles qui sont déjà tombées se relèvent, nous devons nous fatiguer, souffrir, sacrifier tous nos biens et même notre vie, et répandre, s'il le faut, jusqu'à la dernière goutte de notre sang.

INTERCESSION DES SAINTS.

« La lune fut aperçue par Saint Jean, dans l'Apocalypse, sous les pieds d'une femme (1) qui est la figure de Marie Très Sainte, Notre-Dame, revêtue du Soleil qui est le Christ et couronnée de douze étoiles qui symbolisent les Anges et les Saints. Qu'ainsi le Frère se tienne sous les pieds du Christ Notre-Seigneur, de la Très Sainte Vierge Marie sa Mère, et de tous les Anges et les Saints, en se recommandant à leur protection ; qu'il demande à ce miséricordieux Seigneur lequel, en tant qu'homme, est notre avocat, qu'Il se présente en notre faveur

(1) Apocalypse. (Chapitre XII, verset 1).

devant l'Éternel son Père, afin que nous soyons délivrés de tout mal et de tous les ennemis visibles et invisibles, et que nous soyons rangés, au dernier jour, parmi les bénis de ce même Christ, notre juste Juge. Implorons aussi la clémence de sa divine Mère et assurons nous sa médiation pendant cette vie ; car, au jour terrible du jugement, ceux qui n'ont pas voulu, sur cette terre, profiter du temps de la grâce ni recourir à l'intercession de l'auguste Vierge, maintenant toute disposée à protéger les mortels, n'obtiendront du Seigneur ni miséricorde ni pardon.

OBÉISSANCE A NOTRE SAINTE MÈRE L'ÉGLISE.

« Cette Dame (1), resplendissante qui avait la lune sous ses pieds (comme nous l'avons dit plus haut), est encore la figure de notre Sainte Mère l'Église Catholique Romaine. Le Frère doit vivre et mourir en se tenant humblement sous les pieds de cette Sainte Mère, ce qui veut dire qu'il doit être en tout le fils soumis et obéissant de la Sainte Église ; croyant quand elle enseigne, agissant quand elle commande, pour mériter d'être orné de la grâce divine en cette vie et couronné de gloire en l'autre. Qu'il prie de tout son cœur et qu'il travaille autant qu'il le pourra, même au prix de grandes fatigues pour que les infi-

(1) Apocalypse. (Chapitre XII, verset 1).

dèles et les hérétiques se placent aussi sous l'obéissance de cette véritable Église et qu'ils soient sauvés;
qu'il ait soin de faire au moins une fois chaque
jour avec ferveur les actes de Foi, d'Espérance et
de Charité, et très souvent l'acte de Contrition.

LA PRIÈRE POUR LES PÉCHEURS.

« La lune, en éclipsant le soleil par la densité de son
globe, est la cause pour laquelle les rayons de l'astre
du jour sont interceptés et ne parviennent plus à la
terre pour la réchauffer. Ainsi le Frère, en faisant
des pénitences et d'autres œuvres méritoires et en
les unissant aux satisfactions infinies du Christ Notre
Seigneur, interposera le globe des mérites de Jésus-
Christ entre Dieu irrité et les hommes qui ont mérité d'être châtiés, et arrêtera les ardents rayons de
la divine Justice pour qu'ils ne descendent pas sur
les pécheurs ; qu'il prie avec ferveur le même Seigneur de les amener à l'état de grâce par un effet de
sa miséricorde en leur appliquant l'efficacité de ses
souffrances et de sa mort.

APPLICATION DES SUFFRAGES AUX AMES
DU PURGATOIRE.

« La lune se trouve placée entre le soleil et le
monde ; et quoiqu'elle communique à tous les éléments la lumière qu'elle reçoit du soleil, cependant
le bienfait de sa clarté arrive d'abord à la région du

feu. De la même manière, le Frère doit se tenir entre Dieu et les hommes, dont chacun d'eux représente à lui seul un petit monde ; mais, il doit donner la première part de son intercession aux défunts qui sont retenus captifs dans la région du feu du Purgatoire. Qu'il les fasse donc entrer en participation de toutes ses œuvres méritoires, jeûnes, oraisons, sacrifices et pénitences, et qu'il prie beaucoup le Seigneur de leur accorder le pardon, la rémission et la délivrance de leurs peines.

RECUEILLEMENT.

« La lune et sa sphère se trouvent comprises au milieu de tous les autres globes célestes. Ainsi, le Frère doit vivre toujours recueilli en lui-même et empêcher ses sens de se répandre au dehors. Et, de même que la lune, si elle était privée de la compagnie des autres planètes, ne cesserait pas pour cela de se tenir seule dans sa sphère, servant le Créateur au poste qu'Il lui a assigné, de même le Frère, hors les actes d'obéissance et de charité commandés par la nécessité, doit se tenir seul dans sa cellule, conversant avec Dieu Notre-Seigneur.

SILENCE.

« La lune resplendit la nuit : c'est le temps du calme et du recueillement. Que le Frère s'exerce à garder le silence quand il ne lui est pas nécessaire de parler, et à plus forte raison quand la règle lui prescrit de se taire.

RESPECT ENVERS LES SUPÉRIEURS.

« La lune cesse de briller à l'aurore, dès que le soleil resplendit, parce que la clarté de l'astre du jour fait pâlir et disparaître celle de l'astre des nuits. Ainsi le Frère témoignera, en toutes manières, son respect envers ceux qui sont appelés à lui commander et à l'éclairer en le guidant ; qu'il n'ait jamais la présomption de se comparer à eux ni de désirer pour lui-même leur dignité ; mais, au contraire, qu'il laisse volontiers qui que ce soit prendre la première place. Par là, il se gardera libre de toute pensée ambitieuse.

DÉFIANCE DE SOI.

« La clarté de la lune demeure tellement amoindrie par celle du soleil qu'elle s'efface et disparaît devant elle. De même, le Frère doit se défier beaucoup du mérite de ses œuvres personnelles : elles peuvent sembler lumineuses aux yeux des hommes, mais, en elles-mêmes, elles ne sont qu'un néant ; en les comparant aux actions vertueuses des autres, elles peuvent devenir très obscures et même s'évanouir complètement devant le Soleil de Justice. Qu'il s'humilie en outre, en venant à considérer que, de même que la lumière naturelle de la lune n'est pas suffisante pour la faire briller, ainsi il ne lui suffit pas à lui-même des vertus morales pour briller dans l'ordre de la grâce, mais il faut qu'il se donne la peine d'acquérir les vertus surnaturelles qui seules peuvent le faire resplendir en la présence de Dieu, et le rendre capable d'éclairer les autres.

DOUCEUR.

« La lune éclaire avec sérénité sans incommoder par sa chaleur. Ainsi le Frère doit se contenir dans ses rapports et dans ses conversations avec le prochain, en évitant la moindre parole blessante et impolie et se revêtir de mansuétude et de patience, à l'imitation de Notre-Seigneur Jésus-Christ qui nous commande d'être doux de cœur. Ceci est du reste un moyen très efficace pour gagner beaucoup d'âmes à Dieu, et pour se préparer à soi-même une grande gloire dans le Ciel.

MÉDITATION DES FINS DERNIÈRES.

« Quoique la lune se tienne dans son orbite environnée de tous les corps célestes, cependant son cercle de rotation entoure le monde qui est composé des quatre éléments. A son imitation, le Frère doit avoir soin, lorsqu'il est retiré dans la solitude, de se souvenir, dans la cellule intérieure de son âme, des misères humaines et des quatre fins dernières de l'homme qui correspondent aux quatre éléments dont se compose notre terre, et aux quatre principes dont le petit monde, c'est-à-dire l'homme, est formé. Ce qui revient à vous dire, Frère bien-aimé, méditez assiduement la mort représentée par la terre, car nous serons réduits en terre, en poussière et en cendre : *Reverteris in terram de qua sumptus es ; quia pulvis es et in pulverem reverteris* (1). Puis, considérez le jugement signifié par l'eau, car au jour terrible du jugement, la colère de Dieu se précipitera comme l'eau, selon ces paroles du psaume : *Verumtamen in diluvio aquarum multarum ad eum non approximabunt* (2). Ensuite, méditez les peines de l'enfer, symbolisées par l'air très chaud et humide ; puisque les tourments de l'enfer sont plus ardents que notre feu et beaucoup plus froids que la neige, au dire de Job : *Ad nimium calorem transeat, ab aquis nivium* (3). Enfin contemplez le paradis, figuré par le feu qui enflamme et resplendit ; parce que, dans le paradis, la flamme de l'éternelle charité échauffe les cœurs des bienheureux, et que l'amour de Dieu et l'ineffable bonheur de sa présence les illuminent.

(1) Retourne dans la terre d'où tu as été tiré, parce que tu es poussière et tu retourneras en poussière. (Genèse, III, 19).

(2) Cependant le déluge des grandes eaux ne pourra l'atteindre. (Psaume XXXI, 6).

(3) Qu'il passe des eaux froides de la neige à une chaleur excessive. Job, XXIV, 19).

PRÉPARATION A LA MORT.

« Il est à remarquer que la lune est sujette aux
éclipses, et que seuls les astronomes connaissent à
l'avance l'instant où ces phénomènes doivent se pro-
duire. Nous savons tous que nous aurons à subir
l'éclipse de la mort ; mais quand ? quel jour ? à
quelle heure ? personne ne le sait, excepté le Très
Sage Auteur et Créateur des astres et des hommes.
Donc, tenez vous prêt, Frère très cher, à mourir à
toute heure, à tout moment. Croyez que chacune de
vos journées peut être la dernière de votre vie, et
passez la comme si elle l'était en effet. Ainsi vous
vivrez en faisant toujours le bien, vous aurez une
mort précieuse et vous jouirez un jour du bonheur
des Saints.

DU MÉPRIS DES CHOSES TERRESTRES
ET DE L'ESTIME DES CHOSES ÉTERNELLES.

« La lune a la terre au-dessous d'elle et le firmament au-dessus. Ainsi, Frère, tenez pour vils et pour
méprisables les biens terrestres ; ne les recherchez
pas, n'ayez pour eux que du dégoût, et gardez toute
votre estime pour les biens célestes qui méritent
seuls que vous travailliez à les acquérir.

RÉGULARITÉ.

« La lune arrive ponctuellement à chacun des douze signes du zodiaque et elle se trouve à chaque hémisphère à l'heure marquée, sans retarder d'un instant. De même, le Frère doit être prompt au signal de la cloche, au commandement des Supérieurs, et se rendre exactement à tous les exercices de la communauté sans le moindre retard, laissant toute autre occupation privée et même l'oraison et la lettre commencée.

ZÈLE POUR L'ACCROISSEMENT DE LA CONGRÉGATION.

« La lune, quoiqu'isolée dans sa sphère, a cependant tout près d'elle une étoile très brillante pour compagne, qui resplendit en même temps qu'elle. Bien que le Frère soit ami de la solitude et du recueillement de sa cellule, il doit néanmoins demander souvent à Dieu, dans ses oraisons et par ses sacrifices, et souhaiter vivement d'avoir un grand nombre de compagnons et de frères doués d'une vertu éclatante qui embrassent son Institut, et procurent à Dieu beaucoup de gloire, en accomplissant parfaitement tous les exercices publics de la Congrégation, leur mère, et en vivant tous unis, par leur volonté, au bon plaisir de Dieu.

BON EXEMPLE.

« La lune exerce une influence réelle sur les habitants de la terre, influence qui augmente et diminue à mesure qu'elle croît et décroît. De même, lorsque les Prêtres, les Religieux, les Prélats qui dirigent le peuple de Dieu croissent en grâces et en vertus, tous leurs subordonnés, et même le peuple, deviennent meilleurs dans leurs mœurs ; mais si le contraire se produit, le peuple se pervertit. Pour ce motif, que le Frère évite avec le plus grand soin de scandaliser les faibles, qu'il veille sur lui pour donner le bon exemple ; et pour servir plus utilement le prochain, qu'il s'exerce à croître toujours davantage lui-même dans la vertu.

ZÈLE DES MISSIONS.

« Comme la lune, sans jamais suspendre sa course, est toujours en mouvement pour éclairer la terre, le Missionnaire, choisi par Dieu pour illuminer les âmes, doit toujours courir et travailler sans relâche. La lune terminera seulement sa course quand le monde finira. Ainsi, le Missionnaire qui se dépense sans cesse pour cultiver la vigne du Seigneur, devra seulement s'arrêter dans ses travaux quand le petit monde finira, c'est-à-dire quand il mourra ; et l'on peut ajouter aussi que ceux qui sont dans le chemin de la perfection doivent toujours y marcher jusqu'à la fin de leur vie.

« La lune, dans le cours d'une année, passe treize fois par tous les signes du zodiaque. Ainsi le Missionnaire, plusieurs fois par an, doit prendre soin de visiter chaque pays, chaque ville, chaque âme. La lune reçoit la lumière du soleil qui se tient au-dessus d'elle et elle la communique au monde qui se trouve au-dessous d'elle. De même le Frère, pour être assisté de Dieu et des grands de la terre dans les embarras de la mission, et dans les autres œuvres qu'il entreprendra pour la gloire de Dieu, doit aider ceux qui sont nécessiteux de son appui, de ses instructions, de ses prières, etc., parce qu'ainsi il obtiendra le secours du Dieu infiniment miséricordieux.

« Enfin, quoique la terre soit supérieure à la lune, quant au temps de sa création et quant à la grandeur, puisque la terre fut créée quatre jours avant la lune et qu'elle est environ quarante fois plus grande qu'elle, malgré tout cela, c'est la lune qui communique à la terre la lumière qu'elle reçoit du soleil. Cette pensée m'amène à dire que moi, indigne pécheur, quoique j'aie plus d'années d'âge et de profession religieuse, cependant j'ai besoin que le Frère me fasse bénéficier de la lumière qu'il reçoit des Supérieurs de cette Congrégation, brillants soleils de grâce et de vertu. Que le Frère prie donc toujours pour moi, misérable, afin que Dieu me donne un secours efficace qui me fasse exécuter tout le bien que je dois accomplir, et qu'Il m'accorde la grâce finale et m'admette un jour dans la bienheureuse éternité.

« Frère bien-aimé, priez aussi d'une façon particulière le Seigneur, vraie lumière éclairant tous les hommes qui naissent en ce monde, afin qu'Il daigne illuminer des clartés de sa foi le Roi de Kandy qui règne dans cette île, ainsi que ses vassaux et tous ceux, grands et petits, qui habitent dans ce royaume ; pour que tous, sortant des ténèbres de l'infidélité et de l'hérésie, reconnaissent le vrai Soleil de Justice, entrent dans le sein de la Sainte Église et lui obéissent, et, qu'en pratiquant la doctrine que nous enseignons, ils arrivent enfin, par la foi et les œuvres, à posséder la lumière incréée et la vision de l'éternelle gloire.

« Mais, je sais que s'il est facile de bien dire, il est difficile de bien faire. Aussi, Frère très cher, je tremble pour votre fragilité, et je supplie Dieu, qui est le Soleil de Justice, qu'Il daigne enflammer votre âme par sa grâce ; non pas pour vous apprendre des choses nouvelles, mais pour que vous ne perdiez jamais courage et que vous travailliez toujours à exécuter ce que vous savez. Que le Seigneur vous éclaire d'une lumière éclatante, qu'Il vous pénètre d'une ferveur brûlante, de ce feu incréé qu'Il n'a pas communiqué au soleil et aux astres ; qu'Il vous envoie, Frère bien-aimé, les rayons de sa divine grâce, avec tant de véhémence que, par le moyen de sa force, de sa lumière et de sa chaleur divines, vous perdiez tout penchant pour le mal et pour toutes les créatures et que, le cœur uniquement tourné vers Dieu, vous puissiez dire en toute vérité : Mon Dieu est tout à moi, et moi, je suis uniquement à mon Dieu. Oh ! Frère, sera-ce jamais ? Quand aurons-nous ce bonheur ? Pourquoi pas immédiatement ? Pourquoi tant différer ?

« *Kandy, 17 Août 1708.*

« *De notre Frère, le très humble serviteur dans le Christ,*

« LE P. JOSEPH VAZ. »

Caen. — Vve A. DOMIN, Imprimeur-Éditeur, rue de la Monnaie.

OUVRAGES DU MÊME AUTEUR

L'ŒUVRE DE SAINT-PIERRE

Pour le CLERGÉ Indigène des Missions et son

SUPPLÉMENT

Opuscule honoré d'une Lettre de Son Éminence le Cardinal Préfet de la Sacrée Congrégation de la Propagande et de l'Imprimatur de Monseigneur l'Évêque de Séez.

Prix....... **1** fr.   Par la Poste : **1** fr **15**.

L'APOTRE DE CEYLAN

LE PÈRE JOSEPH VAZ

De la Congrégation de l'Oratoire de Saint Philippe Néri.

PAR SÉBASTIEN DE RÉGO.

Traduit de l'Italien par J. BIGARD. Traduction honorée d'une Lettre de Son Éminence le Cardinal Préfet de la Sacrée Congrégation de la Propagande, d'une Lettre de Son Éminence le Cardinal Agliardi et de l'Approbation de Monseigneur l'Évêque de Saint-Claude.

1 volume in-8º de XXVII-392 pages, avec portrait.

Prix....... **3** fr. — Par la Poste : **3** fr **50**.

Ces Ouvrages se trouvent chez l'Auteur, 18, Place Saint-Sauveur, Caen (Calvados), et sont vendus au profit de l'Œuvre de Saint-Pierre pour le Clergé Indigène des Missions.

Caen. — Vᵛᵉ A. DOMIN, Imprimeur-Éditeur, rue de la Monnaie.